# DE L'ORIGINE ET DES PRINCIPES

# DES LOIS

## D'APRÈS THOMAS HOBBES

DISCOURS PRONONCÉ, LE 3 NOVEMBRE 1880, A LA COUR D'APPEL D'ANGERS

PAR VICTOR JEANVROT
SUBSTITUT DU PROCUREUR GÉNÉRAL

PARIS
A. COTILLON & Cie, ÉDITEURS,
Libraires du Conseil d'État,
24, RUE SOUFFLOT, 24.

1880

# DE L'ORIGINE ET DES PRINCIPES

# DES LOIS

# D'APRÈS THOMAS HOBBES.

# DE L'ORIGINE ET DES PRINCIPES

# DES LOIS

## D'APRÈS THOMAS HOBBES

---

DISCOURS PRONONCÉ, LE 3 NOVEMBRE 1880, A LA COUR D'APPEL D'ANGERS

PAR VICTOR JEANVROT
SUBSTITUT DU PROCUREUR GÉNÉRAL

PARIS

A. COTILLON & Cie, ÉDITEURS,
Libraires du Conseil d'État,
24, RUE SOUFFLOT, 24.

1880

## NOTE DE L'ÉDITEUR :

---

Le discours de M. Jeanvrot n'étant en quelque sorte que la préface d'un ouvrage sur les œuvres de Thomas Hobbes, entièrement terminé, et comprenant une traduction nouvelle du *De Cive*, on a cru utile de le publier séparément pour donner une idée de l'importance et de l'intérêt de ce travail qui sera livré prochainement à la publicité.

*Cet ouvrage sera intitulé :*

### ŒUVRES DE THOMAS HOBBES

Analyse et fragments de *La Logique* et du *Traité de la Nature humaine*, et traduction du *De Cive*.

# DE L'ORIGINE ET DES PRINCIPES

# DES LOIS

## D'APRÈS THOMAS HOBBES

---

Monsieur le Premier Président,

Messieurs,

C'est au dernier de ses collaborateurs que la haute bienveillance de M. le Procureur général a conféré le périlleux honneur de porter la parole dans cette audience solennelle.

Puissé-je ne pas tromper sa confiance, puissé-je aussi ne pas m'être abusé sur la convenance du sujet, en venant évoquer le souvenir d'un homme dont les œuvres ont été, avec raison, vivement critiquées, dont certaines doctrines ont pu être considérées comme funestes et dangereuses, mais qui, malgré ses erreurs, ses fautes et ses défaillances, n'en a pas moins, il y a plus de deux siècles, par une profonde et audacieuse analyse des principes, par son impitoyable logique, par la témérité même de ses doctrines, puissamment contribué au progrès de la philosophie du droit. Je veux parler de Thomas Hobbes.

Je ne me dissimule pas combien il est difficile de porter sur les œuvres de Hobbes un jugement impartial, c'est-à-dire à la fois modéré et sévère, et de parler sans préjugés et sans passion d'un homme qui a soulevé les problèmes les plus délicats et les plus irritants de la philosophie. Ma tâche sera plus modeste. Elle se bornera à tenter une rapide analyse de celles de ses œuvres qui se rapportent le plus, par leur objet, à la science juridique.

C'est en 1588, l'année du naufrage de l'invincible Armada, que Thomas Hobbes naquit à Malmesbury. La tradition rapporte que dès l'âge de huit ans il traduisait en vers latins la Médée d'Euripide.

Au sortir de l'Université d'Oxford, il s'occupa de se perfectionner dans l'étude des sciences mathématiques, non pas afin de connaître les propriétés des angles, des nombres ou des superficies, « mais afin, nous dit Bayle, d'accoutumer son esprit à une solide méthode de raisonner et de prouver. »

Les obscurités de la scolastique qu'on enseignait alors dans les écoles n'avaient exercé aucune séduction sur son esprit avide de lumière et de clarté. Elles lui inspirèrent, au contraire, comme à Descartes, la résolution de ne chercher d'autres sciences que celle qu'il trouverait en lui-même et dans le grand livre du monde. Il se mit donc à voyager.

Il ne tarda pas à observer dans les mœurs, les préjugés, les habitudes, les polices des pays qu'il visita, les différences et les contradictions qu'il avait remarquées entre les doctrines des philosophes. C'est alors qu'il conçut la pensée de rejeter toutes les opinions reçues et de reconstruire lui-même, systématiquement, logiquement, d'après les données de la droite raison, l'ensemble des connaissances humaines. Entreprise gigantesque, qu'un esprit de cette trempe et de cette envergure pouvait seul tenter !

Sans doute, il devait faiblir et faillir en bien des points, l'intelligence humaine, selon le mot profond de Bossuet, étant toujours courte par quelque endroit. Mais les défauts de l'œuvre n'en font pas disparaître l'utilité. Et Leibnitz pense que ses erreurs mêmes ont contribué aux progrès de la science.

Dans ses voyages, il parcourut la France et l'Italie, et y séjourna assez longtemps pour se lier d'amitié avec Gassendi, le père Mersenne, et Galilée. Quand il revint en Angleterre il se retira dans la solitude, préoccupé d'une seule pensée, qui fut celle de toute sa vie, la recherche des principes de la morale et du droit.

Un philosophe de ses amis, Sorbières, qui le visita en 1663, a tracé, dans la relation de son voyage, un tableau de son existence simple, sobre, réglée, partagée entre les exercices du corps et les travaux de l'esprit. Il nous le montre jouant à la paume une fois par semaine, et conservant, à soixante-quinze ans, toute la fraîcheur de l'esprit et de la santé. « Si vous le voyiez, dit-il, avec son bonnet plat sur la tête, comme s'il y avait mis son portefeuille après l'avoir couvert de drap noir et cousu à sa calotte, vous auriez autant envie de rire à ce plaisant spectacle que vous concevriez d'estime et d'affection pour la prestance et la civilité de mon ami. »

A l'âge de 91 ans, Thomas Hobbes avait encore l'intelligence assez vive et assez lucide pour s'occuper à traduire, en vers anglais, l'Iliade et l'Odyssée. C'est au milieu de ces travaux que la mort le frappa, le 4 décembre 1679.

L'ensemble de sa philosophie peut se diviser en trois parties traitant, la première, du corps en général, la seconde, du corps humain, et la troisième, du corps politique.

Avant de raisonner sur ces choses, Hobbes s'occupe de chercher une bonne méthode de raisonnement, et commence par étudier les règles de la logique.

La logique (*Logica sive computatio*), c'est l'art de raisonner, c'est-à-dire de calculer. Passer d'une idée simple à une proposition, de là à un syllogisme, puis à une démonstration, c'est additionner, suivre la marche inverse, c'est soustraire.

Le raisonnement comme l'arithmétique, a ses règles dont la violation entraîne l'erreur ou l'absurdité. Mais l'emploi défectueux du raisonnement n'ébranle pas plus la certitude de la logique qu'un calcul erroné ne détruit la certitude de l'arithmétique.

En étudiant la nature et les règles du raisonnement, Hobbes, constate que l'erreur de raisonnement la plus fréquente consiste à désigner un objet par un mot qui exprime une chose différente.

Les mots, qui servent à exprimer les idées et à désigner les objets, étant purement conventionnels, il remarque que nos erreurs ne portent pas sur les choses mais seulement sur les mots. Le langage seul est la source de nos erreurs et de nos disputes. Ce n'est pas la raison qui erre et faillit, c'est le langage. La faillibilité de la raison n'est donc, en réalité, que la faillibilité de l'oraison (*oratio*). D'où cette conclusion piquante que si l'homme seul, parmi les êtres animés, peut tomber dans l'absurde, c'est parce que seul il se sert du langage qui est l'unique source de l'absurde.

Je voudrais pouvoir examiner, avec vous, comment la doctrine de Hobbes sur la nature et la valeur du langage aboutit au système des nominalistes du moyen-âge, pour lesquels toute idée se réduisait à un son de voix, *flatus vocis*, comme disait Roscelin; quelle analogie ses vues sur la génération et la formation des idées ont avec celles de Condillac; quelle lumière il a jetée sur le système syllogistique; combien son livre a été utile aux auteurs de la *Logique de Port-Royal*, qui l'ont, pour ainsi dire, pris pour modèle; et enfin quelle est l'importance de la méthode géométrique qu'il préconise et qu'il applique au raisonnement, mais les limites et l'objet de cette étude ne me permettent pas de m'étendre davantage sur ce sujet.

A l'aide de sa méthode, Hobbes poursuit le cours de ses investigations dans le domaine des sciences physiques et mathématiques.

Il étudie successivement le temps, l'espace, le corps, l'accident, la cause, l'effet, la puissance, l'acte, la mesure, le mouvement, les grandeurs, et enfin la physique ou les phénomènes de la nature. L'examen de ces questions constitue la *Philosophie première* (1).

Il aborde ensuite l'étude de la nature de l'homme, de ses facultés et de ses passions. Cette seconde partie de la philosophie fait l'objet du *Traité de la Nature humaine* (2).

La vie humaine, selon lui, peut être comparée à une course. « Il faut supposer, dit-il avec malice, que dans cette course on n'a d'autre but que de dépasser ses concurrents.

« Faire des efforts dans ce but, c'est désir; se relâcher, c'est mollesse; jeter un regard sur ceux qui restent en arrière, c'est vanité; se trouver arrêté, c'est haine; retourner sur ses pas, c'est re-

(1) *De Corpore*, 1665, Londres.

(2) *Human nature or the fondamental elements of policy*, 1656, Londres, in-12.

pentir; se tenir en haleine, c'est espérance; être excédé, c'est désespoir; tâcher d'atteindre celui qui précède, c'est ambition; le supplanter ou le renverser, c'est envie; se résoudre à franchir un obstacle imprévu, c'est colère; franchir avec aisance, c'est grandeur d'âme; perdre du terrain par suite de petits obstacles, c'est pusillanimité; tomber subitement, c'est tristesse; voir tomber autrui, c'est joie; voir dépasser quelqu'un contrairement à ses vœux, c'est pitié; voir gagner le devant par un adversaire, c'est indignation; se rapprocher de quelqu'un, c'est affection; l'aider à avancer, c'est charité; se blesser par trop de précipitation, c'est honte; être continuellement dépassé, c'est malheur; surpasser définitivement celui qui précédait, c'est félicité; abandonner la course, c'est mourir. »

Ces quelques lignes suffisent pour donner une idée de cette partie de l'œuvre de Hobbes dont un philosophe du dix-huitième siècle disait : « C'est à lire et à commenter toute sa vie. »

L'étude de l'homme le conduit à l'étude du corps social qui fait l'objet du livre qu'il a écrit en langue latine sous ce titre : *De Cive* (1).

C'est la partie capitale et vraiment originale de sa philosophie.

Le *De Cive* fut publié pour la première fois, en 1646, à Paris. Dès son apparition, cet ouvrage

(1) *De Cive*, 1646, Paris, 1 vol. in-4°; 1647, Amsterdam, chez les Elzeviers, 1 vol. in-12,

souleva, en Angleterre, les critiques les plus violentes en même temps que les éloges les plus enthousiastes.

Le doyen de l'église de Bath déclare pompeusement que Thomas Hobbes est le défenseur de la liberté « *philosophiæ secundum libertatem* » ; le poëte Cowley le proclame le *Christophe Colomb de la philosophie;* un professeur de l'Université d'Oxford le qualifie modestement de *nouveau Prométhée;* un autre lui décerne le titre d'*Archimède politique;* le savant Aubry le félicite d'avoir enfin rendu l'homme à lui-même. Le P. Mersenne écrit à Sorbières : « Ce livre vaut un trésor, et il serait à désirer que les caractères dont on l'imprimera fussent d'argent. » Gassendi, à son lit de mort, s'en fait apporter un exemplaire, le baise avec respect, en disant que c'est un bien petit livre, mais qu'il est rempli d'un suc précieux : « *Mole quidem parvus est liber, verum totus, ut opinor, medulla scatet.* » Bayle estime « qu'on n'a jamais si bien pénétré les fondements de la politique ». Sorbières en publie une traduction française. Il n'est pas jusqu'aux éditeurs de cette traduction, Jean et Daniel Elzevier, qui se croient tenus de la faire précéder de cet avertissement aussi chaleureux qu'ingénu :

« Lecteur, si vous considérez ce livre par le volume, vous trouverez sans doute que c'est fort peu de choses, j'en demeure moi-même d'accord avec vous : mais si vous prenez la peine d'en bien peser le mérite, je suis assuré que vous l'estimerez au-delà des œuvres d'Homère que le grand Alexandre jugea dignes d'être logées dans le riche parfumoir du Roi des Perses.

La politique n'a jamais rien vu de si beau ni de si juste. La philosophie n'a jamais donné de plus saints enseignements, et je vous puis dire, sans flatter cet illustre, que si vous négligez ce livre, vous vous négligez vous-même, et vous vous déclarez en même temps votre ennemi..... »

Pour éviter un semblable reproche, nous allons, Messieurs, si vous le voulez bien, examiner cet ouvrage tant vanté.

Dès la préface, Hobbes prend soin de nous en tracer le plan :

« La méthode que j'ai adoptée dans cette étude, dit-il, consiste à examiner d'abord les éléments du corps politique, puis, sa formation, sa constitution, et enfin l'organisation de la justice. Ce procédé analytique me paraît le meilleur. Si on veut connaître le mécanisme d'une horloge ou d'une machine quelque peu compliquée il est nécessaire de démonter chacune des pièces qui la composent et d'en étudier séparément la matière, la force et la fonction. De même pour connaître les droits et les devoirs respectifs de l'État et du citoyen, il faut, non pas rompre la société, mais pourtant la considérer comme si elle était dissoute, c'est-à-dire rechercher quelle est la nature de l'homme, si elle le rend propre à l'état social, et enfin comment se forment les corps politiques...

Je compris que si la justice est la volonté constante de rendre à chacun ce qui lui appartient de droit, il faut d'abord rechercher comment une chose est à soi ou à autrui. Il m'apparut aussitôt fort clairement que cette distinction n'est pas établie par la nature, mais bien par une convention, puisque ce sont les hommes qui se partagent les produits indivis de la nature. Je fus ainsi amené à rechercher dans quel but et par suite de quels besoins les hommes se sont appropriés les choses qui étaient communes. Je vis alors que si toutes choses sont communes les hommes s'en disputent la jouissance, ce qui amène la guerre et toutes sortes de calamités, c'est-à-dire un état contraire à notre nature. Je rencontrai donc deux forces opposées : d'une part un appétit naturel qui pousse chacun de nous à s'attribuer exclusivement la jouissance des choses communes, de l'autre un instinct naturel qui nous fait éviter la mort comme le plus grand des maux.

Le premier principe certain que nous fournit l'observation c'est que si les hommes ne sont pas retenus par la crainte d'une puissance souveraine ils se redoutent les uns les autres, et vivent entre eux dans une perpétuelle défiance, chacun n'ayant à compter que sur ses propres forces pour se protéger. Ceux même qui nient cette proposition, la confirment par leur propre conduite. Ne voyons-nous pas, en effet, même en temps de paix, les nations couvrir leurs frontières de places fortes et de soldats, leurs villes de remparts, de ports et de sentinelles. A quoi bon tant de précautions si l'on ne se méfie pas de ses voisins? Dans les grandes villes même où il y a des tribunaux établis contre les malfaiteurs, les bourgeois ne voyagent pas sans armes de défense, ils ne se couchent qu'après avoir tiré les verroux de leur porte, de peur de leurs concitoyens, et fermé soigneusement leurs cabinets et leurs coffres-forts de peur de leurs domestiques. Où trouver une preuve plus manifeste de la défiance réciproque dans laquelle vivent les hommes?

Après avoir posé ce premier principe je montre que la condition de l'homme, en dehors de la société, c'est-à-dire dans l'état de nature n'est qu'un état de guerre général et réciproque de tous contre tous, pendant lequel chacun a un droit absolu sur toute chose. Dès que l'homme est capable de connaître la misère de sa condition, il songe aussitôt à sortir de cet état odieux et abject dans lequel l'a placé la nature.

C'est alors qu'apparaît à chacun la nécessité de se départir, en même temps que les autres, du droit qu'il a sur toute chose, et de le céder par des pactes. J'examine ce qu'on entend par pactes, comment se transfèrent les droits, quelles sont les conditions de la validité des pactes et quels sont les droits qui doivent être transférés, pour assurer la paix. J'énumère enfin les règles de conduite dictées par la raison et qu'on appelle les lois naturelles.

Dans la seconde partie je montre ce qu'on doit entendre par corps politique, de combien de sortes il y en a, comment ils sont formés, ce que c'est qu'une puissance souveraine, quels droits chaque particulier doit céder au Souverain pour sortir de l'état de guerre où tout est à tous. Je passe alors en revue les diverses formes que peut revêtir la puissance souveraine, c'est-à-dire la monarchie, l'aristocratie, la démocratie, la puissance paternelle et celle du maître sur ses esclaves.

J'indique comment elles s'établissent et je les compare entre elles en signalant leurs avantages et leurs inconvénients.

Enfin, j'envisage les lois selon leur nature et je montre quelles sont les infractions qui leur correspondent. J'indique en quoi les obligations dérivées de la loi civile diffèrent de celles qui découlent des pactes, de la morale et du droit. »

D'après Hobbes, l'homme naît libre et devient sociable. Dans l'état de nature la liberté de chacun n'ayant pas de limites, et tout étant à tous, la guerre est la situation ordinaire des hommes, qui vivent comme de véritables hordes de sauvages (1). C'est pour sortir de cet état misérable

(1) Un certain nombre d'hommes vivent encore aujourd'hui dans cet « état de nature ». M. le Docteur Letourneau, dans un ouvrage récent, intitulé *La Sociologie d'après l'Etno-*

qu'ils s'organisent en sociétés, non pas qu'ils y soient naturellement enclins, comme le prétendait Aristote, mais par crainte de leurs semblables et de la mort. Ce n'est pas l'amour de nos semblables qui nous fait rechercher leur société, mais notre propre intérêt.

Objectera-t-on à Thomas Hobbes, les nombreuses sociétés particulières que les hommes forment volontiers entre eux? Ecoutons sa réponse. On croirait entendre le sceptique auteur des *Maximes* :

« S'agit-il d'une société de commerce? Chacun donne ses soins non à son associé, mais à ses affaires.

---

*graphie*, (Paris librairie Reinwald, 1880), en cite des exemples curieux.

« Les Bushmen errènt en familles, en petits groupes, en troupeaux humains, dans les forêts et les steppes de l'Afrique australe. Sans agriculture, sans animaux domestiques, ils vivent de chasse et de maraude, croquant au besoin des racines, des larves de fourmis, de sauterelles, etc., gîtant dans les grottes naturelles ou dans des trous creusés en terre.

Les types les plus élevés de la même race, les Hottentots proprement dits, ont fondé des sociétés pastorales beaucoup plus avancées. Mais, étrangers à l'agriculture, du moins dans leur état natif, ils redescendirent parfois à la vie bestiale des Bushmen, quand il leur arrivait de perdre leurs bestiaux.....

Même dans les villages, dans les kraals hottentots, il ne s'est dessiné encore aucune forme de Gouvernement. » page 435.

« Comme le continent africain, l'Amérique nous montre les sociétés humaines à diverses phases.

Au degré le plus inférieur se trouvent les stupides Fué-

S'agit-il d'une corporation de fonctionnaires ? Dans cette sorte de confraternité qui s'établit entre eux il entre souvent plus de défiance réciproque que d'affection...

S'agit-il de sociétés d'agrément, de réunions mondaines ? Chacun s'y plaît à faire rire aux dépens d'autrui, à mettre en lumière les vices ou les défauts des autres pour se donner une apparence de supériorité. C'est là sans doute un jeu fort innocent, mais il n'est pas moins vrai que le plaisir qu'on y trouve résulte bien plus d'une satisfaction d'amour propre que du fait de se trouver en société. Dans ces sortes de réunions les absents

---

giens, dont la vie, au témoignage de Cook, se rapproche de celle des brutes plus que celle d'aucune autre nation. Essentiellement ambulants et vagabonds, ils vaguent par hordes peu nombreuses, changeant de séjour dès qu'ils ont épuisé les animaux et surtout les coquillages d'un point de la côte.

Déjà les Patagons, les Araucanos, les Charruas et généralement les tribus nomades, qui chevauchent dans les pampas de l'Amérique du Sud, et que d'Orbigny a appelés nations pampéennes, ont un commencement d'organisation sociale, bien informe encore. C'est que, ayant des moyens de subsistance plus assurés que les Fuégiens, ils peuvent se grouper en plus grand nombre, constituer des tribus. Mais, dans ces tribus, le Gouvernement est toujours réduit à sa plus simple expression. La principale occupation étant la guerre..... » pages 449 et suiv.

« Les sociétés mongoloïdes sont toutes plus ou moins sorties de la sauvagerie primitive, mais sans parvenir à dépasser la phase despotique.

A Célèbes, il existait encore récemment des tribus sauvages, ayant chacune leur dialecte particulier et constamment en guerre entre elles..... » page 470.

sont toujours maltraités. Toute leur vie, leurs paroles, leurs actions sont critiquées, jugées, condamnées, et deviennent l'objet de mille plaisanteries. Il est vrai que les critiques eux-mêmes auront leur tour, à moins que toute la compagnie ne se retire en même temps. Aussi j'approuve fort la prudence de celui qui en pareil cas prend soin de ne partir que le dernier.

En dehors de cette matière, sur laquelle tant de gens sont intarissables, la conversation devient froide et sans intérêt. S'il arrive à quelqu'un de raconter une anecdote ou quelque aventure de sa vie, tous les autres veulent aussi parler d'eux-mêmes. Un des assistants raconte-t-il une aventure extraordinaire, le voisin aussitôt en rapporte une miraculeuse. Personne ne veut paraître à sec : ceux dont la mémoire fait défaut inventent.

S'agit-il d'une société savante ? Là, autant de savants autant de pédants. Chacun veut enseigner autrui. Ils font plus que de ne pas s'aimer, ils se détestent réciproquement. »

La conclusion de Hobbes est que toute société humaine a pour but la recherche de la gloire ou du bien-être. Mais une société ne peut être fondée sur l'amour de la gloire si elle est trop nombreuse. La distinction et la considération devenant le partage de tout le monde n'auraient plus d'attrait pour personne, puisqu'elles consistent uniquement dans l'élévation et la supériorité de quelques-uns au-dessus des autres, et qu'alors l'état social ne donnerait à personne de motifs particuliers de se glorifier. La valeur propre de chacun se mesure sur ce qu'il a de pouvoir indépendant du secours d'autrui. Comme on trouve bien moins d'avantages dans l'association que dans la domination, l'instinct de l'homme le pousse vers la domination. La crainte seule le retient dans l'égalité sociale. Il en résulte que les sociétés politiques reposent moins sur une bienveillance mutuelle que sur une crainte réciproque.

Cette crainte provient de ce que les hommes étant naturellement égaux et portés à se nuire, aucun ne peut espérer sa sécurité d'autrui ni la trouver en lui-même. Hobbes remarque à ce sujet que la diversité infinie des intelligences et des caractères est la cause principale des querelles des hommes. « La contradiction, dit-il, ou même la divergence d'opinions leur est insupportable. L'une semble les accuser d'erreur, l'autre, si elle est fréquente, d'ineptie. Aussi n'y a-t-il pas de lutte plus ardente que celle de deux sectes ou de deux partis disputant sur un dogme ou sur la politique. Comme il n'est pas de plus grande volupté pour l'esprit humain que de pouvoir se priser beaucoup soi-même en se comparant aux autres, les adversaires ne peuvent s empêcher de manifester leur haine et leur mépris réciproques par des rires moqueurs, des paroles, des gestes, des signes quelconques qui amènent de violents froissements et redoublent de part et d'autre le désir de nuire. »

Il est donc prudent et nécessaire de nous mettre en garde contre les périls auxquels nous exposent les passions de nos semblables. La loi naturelle nous prescrit d'assurer notre conservation par tous les moyens possibles, et notamment, dans l'état de guerre, en cherchant des alliés et en concluant la paix.

Mais que faut-il entendre par la loi naturelle? Hobbes repousse l'opinion de ceux qui la considèrent comme un ensemble de préceptes acceptés par le consentement universel. C'est une inconséquence, dit-il, puisque la plupart des hommes repoussent ou violent la loi naturelle. « Ne les voit-on pas, d'ailleurs, condamner chez les autres ce qu'ils approuvent chez eux-mêmes, louer tout haut ce qu'ils blâment tout bas, penser bien moins souvent par eux-mêmes que par les autres, se ranger à l'opinion d'autrui, non parce qu'ils la trouvent bien fondée, mais conforme à leurs passions, c'est-à-dire aux sentiments de haine ou d'amour, de crainte ou d'espérance dont ils sont animés.

Il est un point cependant sur lequel tout le monde s'accorde. C'est que ce qui n'offense pas la saine raison est légitime, et que le reste — c'est-à-dire ce qui est contraire à quelqu'une des vérités rigoureusement déduites de principes certains — est illégitime. On peut donc définir la loi naturelle, *une règle de la saine raison qui nous enseigne ce qu'il faut faire ou éviter pour assurer la conservation de notre être.*

« J'appelle saine raison, ajoute-t-il, dans l'état de nature, une faculté de raisonnement propre à chacun de nous, qui nous permet de porter un jugement droit sur ceux de nos actes qui peuvent profiter ou nuire à autrui. Je dis que cette faculté est propre à chacun, parce que si, dans l'état social, la raison de la société, c'est-à-dire la loi civile, doit être réputée droite par tous les citoyens, hors de l'état social, où personne ne peut distinguer la saine raison de la fausse qu'en la comparant avec la sienne propre, chacun doit prendre sa raison pour règle non-seulement des actions d'autrui qui touchent son intérêt mais encore des siennes propres. »

Celui qui veut conclure la paix doit se départir de son droit à tout et le transférer à autrui, c'est-à-dire manifester par des signes non équivoques la volonté de ne plus lui résister quand il fera une chose qu'il pouvait auparavant empêcher. En réalité c'est moins la translation d'un droit que l'engagement de cesser toute résistance.

Ce principe posé, Hobbes traite avec une grande précision, des éléments, des caractères et des conditions des contrats. Il examine la nature et la valeur des serments. Il montre que la violation des contrats constitue une injure envers celui avec qui on a contracté, à moins qu'il n'y ait lui-même consenti. Il conclut que la loi naturelle nous prescrit d'observer les contrats.

Elle nous prescrit aussi de nous montrer serviables envers autrui, et même de pardonner les injures à ceux qui nous offrent des garanties de repentir. Si on applique ce précepte, dit-il, en matière pénale, la conséquence est que la peine doit avoir pour but l'amendement du coupable et l'exemple. La vindicte exercée dans le seul but de châtier une faute n'est qu'une vaine satisfaction. Si elle n'a pas pour but un résultat futur elle est inutile et même déraisonnable. Un châtiment inutile amène des représailles et par suite la guerre, ce qui est contraire à la loi naturelle. La pénalité doit donc être moins répressive que préventive.

On a beaucoup discuté sur l'origine, la nature et les limites du droit de punir. La question est toujours actuelle. Sans entrer dans l'examen d'un si grave débat il n'est pas inutile de noter cette remarquable conception qui consiste à considérer le droit de punir comme inhérent à la société, comme étant de l'essence même de l'organisation sociale.

D'après Hobbes, la pénalité a pour objet d'assurer le maintien de l'ordre social établi, par l'amélioration de ceux qui l'ont troublé et l'intimidation de ceux qui seraient tentés de les troubler (1).

---

(1) « La loi, dit Schopenhauer, c'est-à-dire la menace de la peine, a pour but d'être un motif contraire destiné à contre-balancer, dans l'esprit de l'homme, la séduction du mal. » *Essai sur le libre arbitre*, trad. fr. p. 201, Paris, 1877, Germer-Baillière.

Cette doctrine se rapproche singulièrement de celle qui prédomine de nos jours, dans les régions philosophiques, et qui propose pour raison théorique de la pénalité, le droit de conservation sociale ou de légitime défense, et pour but, le salutaire effet de l'exemple et l'amélioration du coupable.

Hobbes continue l'énumération des préceptes de la loi naturelle. Elle nous défend, dit-il, d'outrager nos semblables soit par gestes soit par paroles. Elles nous prescrit de les considérer comme nos égaux et non comme nos inférieurs. La société, il est vrai, établit entre les hommes des distinctions fondées sur leur valeur ou leur mérite. La nature n'en a pas moins créé les hommes égaux. Les inégalités de fortune, de puissance, de titre, de qualités sont le fait des lois civiles.

Si, dans l'intérêt de notre propre conservation, nous devons renoncer au droit primordial que nous avons sur toute chose, il importe cependant de nous réserver la faculté de jouir de l'air, de l'eau et des choses indispensables à la vie. Mais nous devons, en vertu de l'égalité, reconnaître aux autres le même droit que nous nous attribuons à nous-mêmes. Si, par modération, nous nous réservons moins de droits que nous en reconnaissons à autrui, nous ne pouvons pas sans violer l'équité favoriser les uns aux dépens des autres.

La jouissance d'une chose indivisible doit être proportionnée au nombre de ceux qui l'exercent. Si elle ne peut être simultanée, elle doit être alternative. Il faut alors s'en rapporter au sort. Le sort est naturel quand il résulte de la primogéniture ou de la première occupation (d'où le droit d'aînesse et le droit du premier occupant); il est arbitraire si le mode en est réglé par les parties.

En cas de contestation sur les clauses et conditions des contrats il faut recourir à un arbitre et se soumettre à sa décision. C'est ici que Thomas Hobbes trace les règles de l'arbitrage.

La loi naturelle étant fondée sur la raison, prohibe tout acte susceptible d'affaiblir ou de détruire la raison, comme, par exemple l'ivresse, ou la débauche.

Il est vrai que les passions nous troublent quelquefois la raison au point que nous ne savons plus si nos actes sont conformes ou contraires à la loi naturelle. « Mais les passions les plus fortes, observe-t-il, laissent toujours quelque moment de calme. Pour savoir alors si notre conduite est ou non conforme à la loi naturelle il faut nous mettre à la place de celui contre lequel nous voulons agir. Aussitôt les passions qui nous poussaient en avant, passant en quelque sorte dans l'autre plateau de la balance, entraîneront la détermination en sens inverse. C'est une règle facile à pratiquer et qui n'est du reste que l'application de cet adage bien connu : ne fais pas à autrui ce que tu ne voudrais pas qu'on te fit. »

Je ne saurais mieux clore l'examen de cette

première partie du *De Cive* qu'en citant la page éloquente qui la termine :

« Les lois naturelles sont immuables: ce qu'elles défendent ne sera jamais licite, ce qu'elles commandent ne sera jamais illicite. Jamais l'orgueil, l'ingratitude, la violation de la foi promise, l'inhumanité, l'outrage, ne seront licites ni les vertus contraires illicites, du moins au point de vue de la raison humaine, parce que ses préceptes sont rigoureux et absolus. Le caractère de ces actes peut varier, il est vrai, selon les milieux et selon les lois civiles. Ce qui est équitable à une époque peut devenir inique à une autre époque, ce qui est conforme aux convenances peut cesser de l'être. Mais la raison est immuable et ne peut changer sa fin qui est la paix et la sécurité, ni ses moyens qui sont les préceptes de la loi naturelle.

Si la paix est un bien, tout ce qui tend à la procurer l'est également. Ainsi la modération, l'équité, la bonne foi, l'humanité, la compassion qui sont nécessaires à la paix sociale, constituent ce qu'on appelle les bonnes mœurs. La loi naturelle qui prescrit la pratique des bonnes mœurs a reçu le nom de loi morale.

Tout le monde est d'accord pour louer les vertus qui constituent les bonnes mœurs. S'agit-il de les pratiquer, le désaccord surgit aussitôt sur la nature et le caractère de chacune d'elles. Celui à qui une bonne action déplaît lui donne le nom d'un vice correspondant, et si c'est une action mauvaise, le nom de la vertu contraire. C'est ainsi qu'un même acte peut être proclamé bon par les uns et mauvais par les autres. Les philosophes n'ont pas encore trouvé de remède à ces contradictions. Faute d'avoir remarqué que le bien consiste dans ce qui peut procurer la paix, et le mal dans ce qui peut occasionner la guerre entre les hommes, ils ont bâti des systèmes de morale plus ou moins étrangers ou contraires à la loi naturelle. C'est ainsi qu'ils ont placé la vertu dans une sorte de juste milieu entre deux extrêmes où se trouveraient les vices : notion évidemment fausse, puisque, l'audace, par exemple, quelqu'excessive qu'elle soit est toujours une vertu si le motif en est louable. De même encore une libéralité ne peut s'apprécier ni par son étendue ni par son importance, mais par l'intention qui en est le mobile. Tellement que l'on peut sans violer en aucune façon la justice, étendre une libéralité au delà des limites convenues.

J'en conclus que la loi naturelle est le seul fondement de la morale. »

La seconde partie du *De Cive* traite de l'organisation politique des sociétés. La première partie, consacrée à l'état de nature, porte le titre de *Libertas*. Celle-ci, traitant du gouvernement et des lois, est intitulée *Imperium*.

La loi naturelle est impuissante à procurer aux hommes la sécurité à défaut d'une force constituée pour en assurer l'observation sous la menace d'une sanction pénale. Mais pour cela, il faut que tous soient d'accord pour soumettre leur volonté à la volonté d'un seul homme ou d'une assemblée chargée de prendre les mesures nécessaires dans l'intérêt général.

Soumettre ainsi sa volonté, c'est abdiquer le libre usage de ses forces et de ses facultés. Lorsque tous ont fait la même soumission, celui qui est investi de l'ensemble des droits ainsi abandonnés a acquis une si grande puissance qu'il peut assurer le maintien de l'ordre et de la paix.

On peut donc définir le corps politique : *une personne civile, établie par le consentement d'un certain nombre d'individus, dont la volonté doit être tenue pour la volonté de tous, et qui a le droit d'exiger le concours des forces et des facultés de chacun pour la paix et la défense communes.*

Le pouvoir de l'homme ou de l'assemblée auxquels toutes les volontés particulières sont soumises est souverain et absolu, puisqu'il est composé de l'ensemble des forces individuelles. De plus, sa volonté doit être tenue pour être la volonté de tous, sinon toute unité serait impossible.

Si quelqu'un refusait de souscrire à cette convention, la société, par suite de ce refus d'adhérer à l'un des éléments essentiels à sa constitutisn, recouvrerait par devers l'opposant son droit primitif, c'est-à-dire le droit de guerre qui permet de le traiter en ennemi.

La sécurité individuelle qui est le but de la société ne peut être garantie que si chacun des associés acquiert la certitude que toute violence ou tout dommage à son endroit seront réprimés et punis par le Souverain. Pour assurer le sécurité publique, il est nécessaire d'établir des peines contre ceux qui seraient tentés de la troubler. Les peines doivent être assez fortes pour qu'il y ait plus d'inconvénient à commettre les délits qu'à s'en abstenir. Il importe aussi, pour protéger la société contre les ennemis de l'extérieur, d'armer, d'assembler et de lever, en cas de péril, autant d'hommes qu'il est nécessaire pour résister aux attaques de l'étranger. C'est le Souverain qui est investi du droit de punir et du droit de faire la guerre; c'est lui qui détient à la fois le glaive de la justice et le glaive de la guerre.

Il est préférable, dans l'intérêt de la paix publique, de prévenir les désordres que de les réprimer. Or, les principales causes de désordre sont les querelles qui surgissent entre les hommes sur le tien et le mien, l'utile et le nuisible, le bien et le mal, l'honnête et le déshonnête. Le Souverain doit donc formuler et publier les règles qui indiquent à chacun ce qui est à soi et à autrui, licite ou illicite, honnête ou déshonnête, bon ou mauvais, enfin ce qu'il faut faire ou ne pas faire. Ces règles constituent les lois civiles et politiques.

Elles ne peuvent être déterminées que par celui qui a la puissance suffisante pour en assurer l'observation, c'est-à-dire par le Souverain. On peut donc définir la loi civile : *un ordre ou mandement de la puissance souveraine qui doit servir de règles aux citoyens.*

Enfin, chaque individu ayant soumis sa volonté à celui qui détient la puissance souveraine, en ce sens qu'il a renoncé à tourner contre lui ses forces personnelles, il s'ensuit que le Souverain doit être irresponsable. Qui aurait, en effet, en dehors de lui, assez de force et de puissance pour le juger et le punir?

Le Souverain ayant recueilli les volontés et les droits de tous, qui dans l'état de nature étaient absolus, se trouve investi d'un pouvoir absolu, c'est-à-dire qu'il peut, à son gré, faire des lois, prendre des décisions, appliquer des peines, faire usage de la force et de la fortune publique, et cela légitimement. Sans doute, il est des gouvernements où l'on n'aperçoit pas nettement dans quelles mains réside en réalité le pouvoir, par exemple, s'il appartient à un homme ou à une assemblée. Ce qui n'est pas douteux, c'est qu'il existe. Il est de l'essence du pouvoir politique d'être absolu. Ceux même qui le combattent, à ce point de vue, sont bien moins désireux de l'abolir que de le faire passer en d'autres mains.

Dans l'état de nature, tout étant à tous, personne ne peut rien avoir qui lui appartienne en propre,

La propriété est donc créée par la loi civile. C'est aussi la loi civile qui détermine les actes qui doivent être considérés comme délictueux.

Si on compare l'état de nature avec l'état social la supériorité de ce dernier apparaît avec éclat : « Sans doute, dit-il, l'état de nature offre l'attrait d'une plus complète liberté. Mais c'est un avantage dont on peut jouir puisque si chacun a la faculté de tout faire, il est obligé par contre de tout souffrir. L'état social au contraire assure à chaque citoyen la somme de la liberté suffisante pour garantir sa tranquillité et ne le prive que de la quantité de liberté nécessaire pour l'empêcher d'entraver la liberté des autres. Dans l'état de nature, chacun a bien droit à tout, mais ne jouit de rien, tandis que dans l'état social chacun jouit en sécurité d'un droit déterminé. D'un côté, la vie et les biens de chaque individu sont à la merci des autres qui peuvent en disposer, sans violer aucune loi. De l'autre, le Souverain seul peut aliéner la propriété d'un particulier. Dans l'état de nature, chacun ne peut se protéger que par sa propre force, dans l'état social, il est protégé par les forces collectives de la société. Dans l'état de nature, personne n'est certain de jouir des fruits de son travail; dans l'état social, chacun en est assuré. Enfin, l'état de nature est le règne des passions, c'est un état de guerre, de terreur, de dénûment, de misère, d'isolement, de grossièreté, d'ignorance et de barbarie. L'état social au contraire est le règne de la raison qui procure la paix, la sécurité, l'abondance, la richesse, le luxe, l'élégance, la science, et la solidarité. »

Hobbes passe ensuite en revue les différentes formes de gouvernements, la monarchie, l'aristocratie, la démocratie, et fait la critique de chacune d'elles avec une verve et un humour tout britanniques.

« D'aucuns, dit-il, d'un ton moitié sérieux, moitié satirique, repoussent la monarchie parce qu'ils y trouvent moins de liberté que dans la démocratie. Si par la liberté ils entendent l'insoumission aux lois, ils ne trouveront pas plus cette espèce de liberté dans la démocratie que dans les autres gouvernements. S'ils entendent par là la réduction des lois prohibitives à ce qui est strictement nécessaire à la sécurité publique, ils la trouveront aussi bien dans l'un que dans l'autre gouvernement. Mais en réclamant la liberté les mécontents entendent la liberté pour eux seuls, c'est-à-dire la domination.

Quelques-uns préfèrent la démocratie parce qu'elle permet aux citoyens d'étaler dans les assemblées publiques leurs talents, leur savoir, leur éloquence et leur expérience des affaires. C'est là en effet une source d'exquises jouissances, tant est naturel à l'homme l'amour des louanges. Mais au fond quel profit tire-t-on de ces luttes oratoires? Voir le plus souvent l'opinion d'un adversaire inférieur acceptée, et de sages conseils repoussés, des inimitiés implacables surgir d'une simple diversité d'opinions, des principes proclamés en vain, des vœux formulés sans résultat, et pour dernier déboire ses affaires domestiques compromises, n'est-ce pas le résultat le plus clair des luttes oratoires ?

Le vice des assemblées c'est qu'elles permettent aux orateurs de captiver l'auditoire par d'interminables harangues toutes parsemées de fleurs de rhétorique. Le but de l'éloquence est de donner au bien et au mal, à l'utile et à l'inutile, à l'honnête et au déshonnête, selon les besoins de la cause, l'apparence de la réalité et de la vérité. C'est ce qu'on appelle persuader. Ces discours, il est vrai, revêtent d'ordinaire les formes d'un raisonnement, mais ils reposent toujours sur des principes reçus par l'opinion, en rapport avec la disposition d'esprit des auditeurs, c'est-à-dire le plus souvent erronés, et non sur des principes certains et conformes à la nature même des choses. Il s'en suit que les discussions au lieu d'être dictées par la raison sont inspirées par la passion. Ce n'est pas là un vice propre à l'orateur, mais à l'éloquence même. Les rhéteurs du reste avouent que l'éloquence a pour but essentiel la persuasion et non l'enseignement, et que la vérité n'est pour elle qu'un objet accessoire et accidentel.

Mais comment ne pas préférer aux affaires domestiques les affaires publiques, quand on voit s'ouvrir à sa faconde une arène où l'on pourra faire briller son esprit et ses talents, et venir ensuite recevoir, en famille, de ses parents et de ses amis un nouveau triomphe. La plus grande volupté que Marcus Coriolan trouvait dans la célébrité n'était-ce pas de songer au plaisir qu'éprouverait sa mère à entendre célébrer la gloire de son fils ?

...Cependant, si le peuple se borne à se réserver la nomination des magistrats et des fonctionnaires, et s'il défère à un ou plusieurs citoyens le pouvoir de faire les lois, de décider de la paix ou de la guerre, ne se réservant qu'en principe l'autorité dont il délègue l'exercice, j'avoue que, dans de telles conditions, la démocratie vaut la monarchie. »

La forme du gouvernement n'est pour Hobbes qu'une question secondaire. Ce qui fait selon lui la supériorité de tel gouvernement sur tel autre, c'est l'intelligence et la valeur des gouvernants. Aussi déclare-t-il que les gouvernements ne diffèrent pas par la puissance dont ils sont investis, mais par la façon dont ils l'exercent et dont les décisions sont prises et exécutées.

Après avoir déterminé les principes et les lois des sociétés politiques, il étudie ce qu'il appelle les « maladies du corps social », c'est-à-dire les doctrines séditieuses. « Le moyen, dit-il, d'en préserver l'opinion publique c'est de propager les doctrines contraires. Toutefois il ne faut pas oublier que ce n'est ni la crainte, ni la force brutale, mais la persuasion et l'évidence des raisons qui entraînent la conviction. Ce ne sont donc pas les apôtres de l'erreur, mais l'erreur même qu'il faut frapper.... C'est un devoir pour le gouvernement de faire rédiger les éléments d'une saine doctrine sociale et d'en prescrire l'enseignement dans les universités de l'État. »

Puis, venant à parler de la liberté, il la définit en ces termes :

« La liberté ne consiste pas à pouvoir se dispenser d'obéir aux lois ni à pouvoir empêcher le gouvernement de promulguer les lois qu'il juge à propos. Elle ne s'entend que de la faculté de faire tout ce qui n'a pas été interdit ou réglementé. Les citoyens tomberaient dans un engourdissement fatal à la vie sociale s'ils ne pouvaient faire aucun acte sans la permission de la loi. Plus le champ de la réglementation est restreint, plus celui de la liberté est étendu. Toutefois les deux extrêmes sont dangereux. Les lois n'ont pas pour but d'entraver l'activité humaine, mais de la diriger, de même que les rives d'un fleuve sont destinées à diriger son cours et non à l'arrêter...

Il ne faut pas confondre le droit avec la loi. Le droit est la liberté naturelle que les lois ont non pas constituée mais maintenue. Supprimez les lois positives, la liberté est sans limites. La loi naturelle apporte une première restriction, les lois civiles disposent du reste. Ce qu'elles en laissent subsister peut encore être réduit par les règlements locaux et particuliers. Il y a donc cette différence entre le droit et la loi, que le droit est liberté et la loi contrainte.

La loi, qui s'appelle loi naturelle lorsqu'elle s'applique à tous les hommes, prend le nom de droit des gens lorsqu'elle s'applique aux nations. Les règles et préceptes de la loi naturelle et du droit des gens sont donc les mêmes.

Hobbes termine cette seconde partie en indiquant quels sont les caractères constitutifs des lois positives.

Tel est, esquissé à grands traits, l'ensemble du système de Hobbes, sur l'origine et la constitution des lois. Quelque défectueux qu'il soit sur bien des points, il n'en constitue pas moins une remarquable tentative de synthèse philosophique. Ce n'est pas un mince mérite d'avoir, à cette époque, considéré la science sociale comme l'objet suprême de la philosophie, comme la sience à laquelle toutes les autres doivent aboutir. Sa conception politique de l'état de guerre primordial et du prétendu règne de la force mérite aussi d'être notée. Un philosophe contemporain la signale comme « un puissant aperçu primordial à la fois statique et dynamique de la prépondérance fondamentale des influences temporelles dans l'ensemble permanent des conditions sociales inhérentes à l'imparfaite nature de l'humanité, et en second lieu, de l'état nécessairement militaire des sociétés primitives (1). »

Si de l'ensemble de l'œuvre on se reporte aux détails, combien, à travers les erreurs et les sophismes, ne trouve-t-on pas de pages intéressantes, d'observations originales, d'aperçus lumineux, de traits piquants, de remarques ingénieuses, qui, présentés dans un style clair et nerveux, rendent attrayante et fructueuse la lecture du *De Cive*.

Le plus grand reproche qu'on ait fait à ce livre est de contenir la théorie et l'apologie du despotisme. Ce reproche souvent répété a valu à son auteur une grande impopularité. Que les amis sincères de la liberté se rassurent, Hobbes n'est pas si coupable.

Sorbières le premier l'a défendu de cette accusation en ces termes : « On m'a reproché qu'étant citoyen d'une République j'ai publié un livre qui favorise la monarchie. » Hobbes, cependant, ne prise le régime monarchique que tant qu'il ne dégénère pas en tyrannie ; « il ne prétend prouver, si ce n'est qu'il est nécessaire dans le monde, que les sociétés civiles soient gouvernées par une puissance absolue, afin d'empêcher les désordres de l'état de nature. Et il lui importe fort peu que cette puissance souveraine soit recueillie dans la volonté d'une seule tête ou dans celle d'une assemblée, pourvu qu'elle se fasse obéir, et qu'elle garde

(1) A. Comte, *Philosophie positive*, 1re éd., t. VI, p. 316.

la même force de contraindre les rebelles (1). »

Destut de Tracy, poussant plus loin la défense de Hobbes, a été jusqu'à soutenir que loin d'être partisan du despotisme, il s'en était montré l'adversaire résolu.

« Quiconque, dit-il, contribue à assurer la marche de la raison humaine, sape par leur base, tous les genres d'oppression et même il les attaque par la seule manière qui soit sérieusement utile. C'est une vérité constante et point dangereuse à divulguer, car elle est encore plus connue des oppresseurs que des opprimés (2). »

M. Paul Janet, dans son *Histoire de la philosophie*, a donné à cette opinion l'appui de son autorité.

« Hobbes, dit-il, a contribué plus qu'aucun publiciste à émanciper la raison publique. On peut lui attribuer cette belle pensée du cardinal de Retz : « Il est entré dans le sanctuaire. Il a levé le voile qui doit toujours couvrir tout ce que l'on peut dire, et tout ce que l'on peut croire du droit des peuples et de celui des rois qui ne s'accordent jamais si bien que dans le silence (3). »

Veut-on savoir sur cette importante question l'opinion de Hobbes lui-même. Qu'on ouvre le

---

(1) Traduction du *De Cive*, (advertissement au lecteur).

(2) *Éléments d'Idéologie, Disc. préliminaire.*

(3) *Hist. de la Phil. morale et polit.*, Paris 1868, pages 168 et 169, Libr. Ladgrange.

*De Cive*, et dans la préface on pourra lire ce qui suit :

« Dans le cours de cet ouvrage je me suis toujours attaché à n'étudier les lois qu'au point de vue spéculatif, en laissant dans l'ombre le côté objectif, pour ne pas être amené à faire la critique de la législation positive d'aucun pays..... Je me suis aussi abstenu de décider auquel des trois gouvernements, monarchie, aristocratie ou démocratie, on doit le plus d'obéissance, bien qu'en principe je me sois nettement prononcé pour la monarchie, encore qu'au fond, la supériorité de ce gouvernement sur les autres, — je puis bien l'avouer, — ne m'apparaisse pas comme certaine, mais seulement comme probable... »

Après cet aveu, Thomas Hobbes complète sa pensée par ces paroles mémorables, qui sont comme la marque de cet éminent esprit, à la fois profondément émancipé et profondément conservateur : « J'ai eu bien soin d'ajouter expressément , et à plusieurs reprises, que *dans tout gouvernement, quelle qu'en soit la forme, le respect de l'autorité est le premier devoir du citoyen.* »

Dans les temps troublés qu'a traversés notre pays, il fut des moments où l'évocation de cette maxime de haute sagesse eut été d'un utile et salutaire enseignement. Mais, aujourd'hui, il est consolant de constater que grâce à l'affermissement du gouvernement de la République, elle est devenue, dans la patrie du bon sens et de la sagesse pratique, la règle de tous les bons citoyens.

Comment, en effet, l'autorité n'y serait-elle pas respectée quand elle est représentée dans la première magistrature du pays par un homme dont un grand patriote traçait récemment le portrait, en disant qu'il est « le modèle de toutes les vertus civiques. »

Paris, impr. F. Pichon. — A. Cotillon & Cie, 37, rue des Feuillantines, & 24, rue Soufflot.

---

Paris, impr. F. PICHON.—A. COTILLON & Cie, 37, rue des Feuillantines,
& 24, rue Soufflot.

www.ingramcontent.com/pod-product-compliance
Ingram Content Group UK Ltd.
Pitfield, Milton Keynes, MK11 3LW, UK
UKHW020355250726
13967UKWH00005B/2293

9 782013 047753